Eric Frechon

Aufläufe

Fotos von Valéry Guedes
Foodstyling von Bérengère Abraham
und Lucie Dauchy

Bassermann

Danksagung

Ich danke Suyapa Granda Bonilla für ihr Vertrauen und ihre Zielstrebigkeit,
ich danke den Mitarbeitern des Solar-Verlags,
ich danke Valéry Guedes und Bérengère Abraham für ihre wunderschönen Fotografien und
Clarisse Ferreres für ihre wertvolle Mitarbeit an diesem Kochbuch.

ISBN 978-3-8094-3352-1

1. Auflage

Umschlaggestaltung: Atelier Versen, Bad Aibling
Layout/Gestaltung: Guylaine Moi
Fotos: Valéry Guedes
Foodstyling: Bérengère Abraham, Lucie Dauchy
Übersetzung: Lisa Voges, Köln
Redaktion und Satz: trans texas publishing services GmbH, Köln
Projektleitung: Birte Schrader
Herstellung: Reinhard Soll

Druck und Bindung: Druckerei Theiss GmbH, St. Stefan im Lavanttal
Printed in Austria

MIX
Papier aus verantwortungsvollen Quellen
FSC® C012536

Verlagsgruppe Random House® FSC N001067

KLEINE ÜBERRASCHUNGEN AUS DEM OFEN

Aufläufe, auf Französisch Clafoutis, sind eine Spezialität der französischen Küche, die alle kennen und lieben und mit der jeder schöne Kindheitserinnerungen verbindet. Ein Auflauf ist schnell und einfach aus wenigen Zutaten hergestellt. In seiner klassischen, traditionellen Version wird der französische Auflauf mit saftigen Kirschen zubereitet. In diesem Buch möchte ich Ihnen zahlreiche weitere Varianten vorstellen, die ich bislang noch keinem verraten habe, und Ihnen außerdem nützliche Tipps und Variationen an die Hand geben. Lassen Sie sich von den 30 süßen wie herzhaften Ofengerichten überraschen!

Ein Auflauf ist für jede Gelegenheit geeignet – ob als schnelle Mahlzeit für die Familie oder für Gäste, ob in kleinen Portionen zum Aperitif oder als Hauptgericht, ob elegant mit exklusiven Zutaten, raffiniert und ungewöhnlich oder ganz einfach und bescheiden.

LECKERE AUFLÄUFE – EINFACH UND SCHNELL ZUBEREITET FÜR JEDE GELEGENHEIT!

AUFLAUF MIT JAKOBSMUSCHELN
und Porree

FÜR 4 PERSONEN | **VORBEREITUNG 20 MIN** | **BACKZEIT 35 MIN**

TEIG 20 g Butter, zum Einfetten | 50 g Semmelbrösel, zum Ausstreuen | 2 Eier + 2 Eigelb | 250 ml Vollmilch | 250 g Sahne | 20 g Speisestärke | ½ TL Currypulver | Salz | Pfeffer | **FÜLLUNG** 200 g Jakobsmuscheln | 200 g Porree (nur der weiße Teil) | 20 g Butter | Salz

Den Backofen auf 180 °C vorheizen.

Eine Backform (26 cm Durchmesser) mit der Butter einfetten und mit den Semmelbröseln ausstreuen.

Die Jakobsmuscheln in 1 cm dicke Scheiben schneiden.

Den Porree waschen, putzen und in dünne Ringe schneiden.

Die Butter in einer Pfanne zerlassen und den Porree darin bei niedriger Hitze und aufgesetztem Deckel etwa 7 Minuten anschwitzen. Salzen und pfeffern.

Porree und Jakobsmuscheln in der vorbereiteten Form verteilen.

Eier und Eigelb in einer Schüssel sorgfältig mit Milch und Sahne verquirlen. Speisestärke und Currypulver klümpchenfrei unterrühren. Salzen und pfeffern. Die Eiermasse vorsichtig über die Zutaten in der Form gießen.

Im vorgeheizten Ofen 35 Minuten backen.

TIPP VOM PROFI

Wenn Sie keine frischen Jakobsmuscheln finden, können Sie sie durch eine Mischung aus 200 g frischem und 100 g geräuchertem Lachs ersetzen.

TOMATENAUFLAUF
mit Pinienkernen

FÜR 4 PERSONEN | **VORBEREITUNG 15 MIN** | **BACKZEIT 35 MIN**

TEIG 20 g Butter, zum Einfetten | 50 g Semmelbrösel, zum Ausstreuen | 1 Ei + 2 Eigelb | 200 ml Vollmilch | 200 g Sahne | 40 g Speisestärke | 50 g frisch geriebener Parmesan | 3 Sardellenfilets in Öl | Salz | Pfeffer | **FÜLLUNG** 150 g Cocktailtomaten | 100 g getrocknete Tomaten in Öl | 200 g kleine Mozzarellakugeln | 50 g Pinienkerne | 50 g entsteinte schwarze Oliven | 20 Basilikumblätter

Den Backofen auf 180 °C vorheizen.

Eine Backform (26 cm Durchmesser) mit der Butter einfetten und mit den Semmelbröseln ausstreuen.

Die Cocktailtomaten waschen und trocknen. Getrocknete Tomaten und Mozzarellakugeln abtropfen lassen.

Die Pinienkerne in einer beschichteten Pfanne ohne Fett goldbraun rösten.

Ei und Eigelb in einer Schüssel sorgfältig mit Milch und Sahne verquirlen. Die Speisestärke klümpchenfrei unterrühren. Klein gehackte Sardellen und Parmesan unterziehen. Salzen und pfeffern.

Cocktailtomaten, getrocknete Tomaten, Mozzarella, Pinienkerne, Oliven und grob gehacktes Basilikum in der vorbereiteten Form verteilen. Die Eiermasse vorsichtig darübergießen.

Im vorgeheizten Ofen 35 Minuten backen.

TIPP VOM PROFI

Lassen Sie den Auflauf nach dem Backen 30 Minuten ruhen. // Für dieses Rezept sollten Sie ausschließlich Cocktailtomaten verwenden; in Scheiben geschnittene normale Tomaten würden zu viel Wasser ziehen.

CLAFOUTIS

lorrain

FÜR 4 PERSONEN | **VORBEREITUNG 15 MIN** | **BACKZEIT 35 MIN**

TEIG 20 g Butter, zum Einfetten | 50 g Semmelbrösel, zum Ausstreuen | 2 Eier + 2 Eigelb | 250 ml Vollmilch | 250 g Sahne | 20 g Speisestärke | frisch geriebene Muskatnuss | Salz | Pfeffer | **FÜLLUNG** 200 g Räucherspeck | 200 g geriebener Emmentaler

Den Backofen auf 180 °C vorheizen.

Eine Backform (26 cm Durchmesser) mit der Butter einfetten und mit den Semmelbröseln ausstreuen.

Den Speck in feine Stifte schneiden. In einer heißen Pfanne etwa 3 Minuten braten (aber nicht zu trocken werden lassen).

Eier und Eigelb in einer Schüssel sorgfältig mit Milch und Sahne verquirlen. Die Speisestärke klümpchenfrei unterrühren. Mit Salz, Pfeffer und etwas Muskatnuss würzen.

Speckstreifen und drei Viertel des Käses in der vorbereiteten Form verteilen. Die Eiermasse vorsichtig darübergießen. Mit dem restlichen Käse bestreuen.

Im vorgeheizten Ofen 35 Minuten backen.

TIPP VOM PROFI

Für eine zusätzliche, knusprige Textur können Sie ein paar Streusel aus salzigem Mürbeteig vor dem Backen über den Auflauf streuen.

ZWIEBELAUFLAUF

mit Knusperspeck

FÜR 4 PERSONEN | **VORBEREITUNG 20 MIN** | **BACKZEIT 35 MIN**

TEIG 20 g Butter, zum Einfetten | 50 g Semmelbrösel, zum Ausstreuen | 2 Eier + 2 Eigelb | 250 ml Vollmilch | 250 g Sahne | 20 g Speisestärke | Salz | Pfeffer | **FÜLLUNG** 2 Zwiebeln | 150 g Räucherspeck | 10 dünne Scheiben Frühstücksspeck | 50 g Röstzwiebeln

Den Backofen auf 180 °C vorheizen.

Eine Backform (26 cm Durchmesser) mit der Butter einfetten und mit den Semmelbröseln ausstreuen.

Die Zwiebeln abziehen und in feine Ringe schneiden. Den Räucherspeck in feine Stifte schneiden.

Die Räucherspeckstifte in einer heißen Pfanne leicht anbräunen. Die Zwiebeln zufügen, pfeffern und 10 Minuten bei aufgesetztem Deckel unter gelegentlichem Rühren dünsten. Nochmals pfeffern. Den Pfanneninhalt in der vorbereiteten Form verteilen.

Eier und Eigelb in einer Schüssel sorgfältig mit Milch und Sahne verquirlen. Die Speisestärke klümpchenfrei unterrühren. Salzen und pfeffern. Vorsichtig über die Zutaten in der Form gießen.

Im vorgeheizten Ofen 35 Minuten backen.

Inzwischen die Speckscheiben in feine Streifen schneiden. In einer heißen Pfanne ohne Fett knusprig braten. Auf Küchenpapier abtropfen lassen. Grob zerkrümeln.

Den Auflauf vor dem Servieren mit Röstzwiebeln und Speckkrümeln bestreuen.

TIPP VOM PROFI

Die Eiermasse sollte nur wenig gesalzen werden, weil der Räucherspeck schon salzig schmeckt.

AUFLAUF MIT ROQUEFORT
und Walnüssen

FÜR 4 PERSONEN | **VORBEREITUNG 15 MIN** | **BACKZEIT 35 MIN**

TEIG 20 g Butter, zum Einfetten | 50 g Semmelbrösel, zum Ausstreuen | 2 Eier + 2 Eigelb | 250 ml Vollmilch | 250 g Sahne | 20 g Speisestärke | Salz | Pfeffer | **FÜLLUNG** 200 g Roquefort | 150 g Walnüsse

Den Backofen auf 180 °C vorheizen.

Eine Backform (26 cm Durchmesser) mit der Butter einfetten und mit den Semmelbröseln ausstreuen.

Den Roquefort würfeln. Die Nüsse knacken und die Kerne grob hacken.

Eier und Eigelb in einer Schüssel sorgfältig mit Milch und Sahne verquirlen. Die Speisestärke klümpchenfrei unterrühren. Salzen und pfeffern.

Roquefortwürfel und Walnüsse in der vorbereiteten Form verteilen. Die Eiermasse vorsichtig darübergießen.

Im vorgeheizten Ofen 35 Minuten backen.

TIPP VOM PROFI

Dieser Auflauf kann sehr gut zu einem Aperitif wie Portwein gereicht werden.

LACHSAUFLAUF

mit Limette

FÜR 4 PERSONEN | **VORBEREITUNG 15 MIN** | **BACKZEIT 35 MIN**

TEIG 20 g Butter, zum Einfetten | 50 g Semmelbrösel, zum Ausstreuen | 2 unbehandelte Limetten | 2 Eier + 2 Eigelb | 250 ml Vollmilch | 250 g Sahne | 20 g Speisestärke | Pfeffer | **FÜLLUNG** 250 g Räucherlachs

Den Backofen auf 180 °C vorheizen.

Eine Backform (26 cm Durchmesser) mit der Butter einfetten und mit den Semmelbröseln ausstreuen.

Den Räucherlachs in kleine Stücke schneiden. Die Limetten heiß abspülen, abtrocknen und die Schale abreiben.

Eier und Eigelb in einer Schüssel sorgfältig mit Milch und Sahne verquirlen. Die Speisestärke klümpchenfrei unterrühren. Die Limettenschale untermischen. Pfeffern.

Den Räucherlachs in der vorbereiteten Form verteilen. Die Eiermasse vorsichtig darübergießen.

Im vorgeheizten Ofen 35 Minuten backen.

TIPP VOM PROFI

Die Eiermasse sollte nicht gesalzen werden, da der Räucherlachs bereits genug Salz enthält. // Sie können den Räucherlachs durch geräuchertes Forellenfilet oder jeden anderen Räucherfisch ersetzen.

THUNFISCHAUFLAUF

mit Oliven und Piquillos

FÜR 4 PERSONEN | **VORBEREITUNG 15 MIN** | **BACKZEIT 35 MIN**

TEIG 20 g Butter, zum Einfetten | 50 g Semmelbrösel, zum Ausstreuen | 2 Eier + 2 Eigelb | 250 ml Vollmilch | 250 g Sahne | 20 g Speisestärke | Salz | Pfeffer | **FÜLLUNG** 300 g Thunfisch im eigenen Saft | 100 g entsteinte schwarze Oliven | 100 g Piquillo-Paprika | 1 Bund Schnittlauch

Den Backofen auf 180 °C vorheizen.

Eine Backform (26 cm Durchmesser) mit der Butter einfetten und mit den Semmelbröseln ausstreuen.

Den Thunfisch abtropfen lassen und grob zerteilen. Die Oliven halbieren. Die Paprika in Streifen schneiden. Den Schnittlauch hacken.

Eier und Eigelb in einer Schüssel sorgfältig mit Milch und Sahne verquirlen. Die Speisestärke klümpchenfrei unterrühren. Salzen und pfeffern.

Thunfisch, Oliven, Paprika und Schnittlauch in der vorbereiteten Form verteilen. Die Eiermasse vorsichtig darübergießen.

Im vorgeheizten Ofen 35 Minuten backen.

TIPP VOM PROFI

Sie können den Thunfisch durch gewürfelten frischen Lachs ersetzen; Textur und Aroma sind völlig anders.

SPARGELAUFLAUF

mit Parmesan

FÜR 4 PERSONEN | **VORBEREITUNG 45 MIN** | **BACKZEIT 35 MIN**

TEIG 20 g Butter, zum Einfetten | 50 g Semmelbrösel, zum Ausstreuen | 300 g Sahne | 3 Eier + 4 Eigelb | 10 g Speisestärke | 100 g frisch geriebener Parmesan | Salz | Pfeffer | **FÜLLUNG** 500 g grüner Spargel

Den Spargel bei Bedarf schälen; die Schalen nicht wegwerfen. Spargelspitzen und -enden abschneiden und beiseitelegen. Die restlichen Stangen in 1 cm lange Stücke schneiden.

Eine Backform (26 cm Durchmesser) mit der Butter einfetten und mit den Semmelbröseln ausstreuen.

Spargelschalen und -enden mit 300 ml Wasser in einen Topf geben. Leicht salzen und 10 Minuten dünsten. Spargelschalen und -enden mit einem Schaumlöffel herausnehmen und entsorgen.

Die Spargelspitzen in den Topf geben und 3–4 Minuten im Spargelwasser garen. Mit einem Schaumlöffel herausnehmen und beiseitelegen.

Den Backofen auf 180 °C vorheizen.

Nun die Spargelstücke in den Topf geben. Die Sahne zugießen und 7 Minuten sanft köcheln lassen.

Die Sahnemischung glatt pürieren und in eine Schüssel geben. Eier und Eigelb einarbeiten. Die Speisestärke klümpchenfrei unterrühren und den Parmesan unterziehen. Salzen und pfeffern. Die Spargelspitzen in der vorbereiteten Form verteilen. Die Eiermasse vorsichtig darübergeben.

Im vorgeheizten Ofen 35 Minuten backen.

TIPP VOM PROFI

Diesen Auflauf können Sie natürlich auch mit weißem oder einer Mischung aus weißem und grünem Spargel zubereiten.

STEINPILZAUFLAUF

mit Petersilie

FÜR 4 PERSONEN | **VORBEREITUNG 30 MIN** | **BACKZEIT 25 MIN**

TEIG 20 g Butter, zum Einfetten | 50 g Semmelbrösel, zum Ausstreuen | 2 Eier + 2 Eigelb | 250 ml Vollmilch | 250 g Sahne | 20 g Speisestärke | Salz | Pfeffer | **FÜLLUNG** 1 kg frische Steinpilze | 150 g Räucherspeck | 2 Knoblauchzehen | ¼ Bund Petersilie | Thymianblüten | Olivenöl | Salz | Pfeffer

Den Backofen auf 180 °C vorheizen.

Eine Backform (26 cm Durchmesser) mit der Butter einfetten und mit den Semmelbröseln ausstreuen.

Die Steinpilze putzen, waschen, gut trocknen und in große Stücke schneiden. Den Speck in dicke Stifte schneiden. Knoblauch und Petersilie fein hacken. Die Steinpilze in einer heißen Pfanne mit 1 Spritzer Olivenöl kurz anbraten. Die Speckstreifen zugeben und etwa 10 Minuten leicht anbräunen. Knoblauch, Petersilie und Thymian untermischen. Salzen und pfeffern.

Die Steinpilzmischung in der vorbereiteten Form verteilen.

Eier und Eigelb in einer Schüssel sorgfältig mit Milch und Sahne verquirlen. Die Speisestärke klümpchenfrei unterrühren. Salzen und pfeffern. Die Eiermasse vorsichtig darübergießen.

Im vorgeheizten Ofen 35 Minuten backen.

TIPP VOM PROFI

Die Steinpilze können je nach Saison durch andere Pilze ersetzt werden.

OLIVENAUFLAUF
mit Chorizo

FÜR 4 PERSONEN | **VORBEREITUNG 15 MIN** | **BACKZEIT 35 MIN**

TEIG 20 g Butter, zum Einfetten | 50 g Semmelbrösel, zum Ausstreuen | 2 Eier + 2 Eigelb | 250 ml Vollmilch | 250 g Sahne | 20 g Speisestärke | Salz | Pfeffer | **FÜLLUNG** 100 g kräftige Chorizo (alternativ Landjäger) | 100 g entsteinte grüne Oliven | 100 g entsteinte schwarze Oliven

Den Backofen auf 180 °C vorheizen.

Eine Backform (26 cm Durchmesser) mit der Butter einfetten und mit den Semmelbröseln ausstreuen.

Die Chorizo in feine Scheiben schneiden.

Eier und Eigelb in einer Schüssel sorgfältig mit Milch und Sahne verquirlen. Die Speisestärke klümpchenfrei unterrühren. Salzen und pfeffern.

Oliven und Chorizoscheiben in der vorbereiteten Form verteilen. Die Eiermasse vorsichtig darübergießen.

Im vorgeheizten Ofen 35 Minuten backen.

TIPP VOM PROFI

Als originelle Vorspeise können Sie diesen Auflauf auch in Portionsförmchen servieren. // Wenn Sie ihn in einer großen Form zubereiten, schneiden Sie ihn nach dem Backen in Würfel und stecken Cocktailspieße hinein.

BASKISCHER AUFLAUF

mit Tintenfisch

FÜR 4 PERSONEN | **VORBEREITUNG 30 MIN** | **BACKZEIT 35 MIN**

TEIG 20 g Butter, zum Einfetten | 50 g Semmelbrösel, zum Ausstreuen | 2 Eier + 2 Eigelb | 250 ml Vollmilch | 250 g Sahne | 20 g Speisestärke | Salz | Pfeffer | **FÜLLUNG** 150 g gegarter Tintenfisch | 1 kleine Zwiebel | 1 rote Paprika | 1 grüne Paprika | 1 gelbe Paprika | 2 Tomaten | 1 Knoblauchzehe | 150 g Chorizo | 500 ml Olivenöl | 1 Zweig Thymian | Salz | Pfeffer

Den Backofen auf 180 °C vorheizen. Eine Backform (26 cm Durchmesser) mit der Butter einfetten und mit den Semmelbröseln ausstreuen.

Den Tintenfisch in 1 cm dicke Stücke schneiden.

Die Zwiebel abziehen und klein würfeln. Die Paprika waschen und in 1 cm große Würfel schneiden.

Die Tomaten 30 Sekunden in kochend heißes Wasser tauchen, dann kalt abschrecken und häuten. Die Tomaten halbieren und die Kerne herauslösen. Das Fruchtfleisch würfeln.

Den Knoblauch abziehen und entkeimen. Die Chorizo klein würfeln.

Das Olivenöl in einem großen Topf erhitzen und die Zwiebel darin 5 Minuten anschwitzen. Paprika, Knoblauch und Thymian zugeben und 5 Minuten garen. Die Tomaten zufügen und bei aufgesetztem Deckel 35 Minuten garen, bis das Gemüse weich und die Sauce eingedickt ist. Den Topf vom Herd nehmen und die Chorizowürfel untermischen.

Die Mischung in die vorbereitete Form geben und den Tintenfisch darauf verteilen.

Eier und Eigelb in einer Schüssel mit Milch und Sahne verquirlen. Die Speisestärke klümpchenfrei unterrühren. Salzen und pfeffern. Die Eiermasse vorsichtig über die Zutaten in der Form gießen.

Im vorgeheizten Ofen 35 Minuten backen.

TIPP VOM PROFI

Sie können den Tintenfisch durch Kalmarringe, die Sie in Olivenöl anbraten, ersetzen.

KAROTTENAUFLAUF

mit Zitronengras und Garnelen

FÜR 4 PERSONEN | **VORBEREITUNG 25 MIN** | **BACKZEIT 35 MIN**

FORM 20 g Butter, zum Einfetten | 50 g Semmelbrösel, zum Ausstreuen | **FÜLLUNG** 200 g Karotten | 250 ml Vollmilch | 250 g Sahne | 4 Stängel Zitronengras | 1 kleines Stück frische Ingwerwurzel (ca. 20 g) | 3 Eier + 3 Eigelb | ½ Bund Koriander | Olivenöl | 30 ausgelöste rohe Garnelen | Salz | Pfeffer

Für die Füllung die Karotten schälen und klein würfeln. Mit Milch und Sahne in einen Topf geben und weich garen.

Die Zitronengrasstängel mit einem Teigroller zerdrücken und zu den Karotten geben. Den Ingwer schälen, reiben und ebenfalls in den Topf geben. Ziehen lassen, bis die Karotten vollständig erkaltet sind.

Die Zitronengrasstängel entfernen. Die Karotten mit Milch und Sahne pürieren.

Eier und Eigelb in einer Schüssel verquirlen, salzen, pfeffern und sorgfältig unter das Karottenpüree rühren.

Den Backofen auf 180 °C vorheizen.

Die Blätter von den Korianderstängeln abzupfen.

Etwas Olivenöl in einer Pfanne stark erhitzen. Die Garnelen darin kurz von beiden Seiten scharf anbraten (sie sollten innen noch roh sein). Die Pfanne vom Herd nehmen und den Koriander untermischen.

Eine Backform (26 cm Durchmesser) mit der Butter einfetten und mit den Semmelbröseln ausstreuen.

Garnelen und Koriander in der vorbereiteten Form verteilen. Die Karottenmasse vorsichtig darauf verteilen.

Im vorgeheizten Ofen 35 Minuten backen.

TIPP VOM PROFI

Für diesen Auflauf können Sie statt Karotten auch anderes Gemüse wie Topinambur oder Sellerie verarbeiten.

NUDELAUFLAUF
mit Schinken

FÜR 4 PERSONEN | **VORBEREITUNG 20 MIN** | **BACKZEIT 35 MIN**

TEIG 20 g Butter, zum Einfetten | 50 g Semmelbrösel, zum Ausstreuen | 2 Eier + 2 Eigelb | 250 ml Vollmilch | 250 g Sahne | 10 g Speisestärke | Salz | Pfeffer | **FÜLLUNG** 100 g kleine Hörnchennudeln | 250 g Kochschinken | 150 g Emmentaler am Stück

Den Backofen auf 180 °C vorheizen.

Eine Backform (26 cm Durchmesser) mit der Butter einfetten und mit den Semmelbröseln ausstreuen.

Die Nudeln in einem Topf mit Salzwasser nach Packungsangaben gar kochen. Abtropfen lassen und in eine Schüssel geben.

Schinken und Käse würfeln.

Eier und Eigelb in einer Schüssel sorgfältig mit Milch und Sahne verquirlen. Die Speisestärke klümpchenfrei unterrühren. Salzen und pfeffern.

Nudeln, Schinken- und Käsewürfel in der vorbereiteten Form verteilen. Die Eiermasse vorsichtig darübergießen.

Im vorgeheizten Ofen 35 Minuten backen.

TIPP VOM PROFI

Etwas gehackte schwarze Trüffel macht aus diesem einfachen Auflauf etwas ganz Exklusives.

ZUCCHINIAUFLAUF

mit Frischkäse

FÜR 4 PERSONEN | **VORBEREITUNG 20 MIN** | **BACKZEIT 35 MIN**

TEIG 20 g Butter, zum Einfetten | 50 g Semmelbrösel, zum Ausstreuen | 2 Eier + 2 Eigelb | 250 ml Vollmilch | 250 g Sahne | 20 g Speisestärke | 5 Kiri®-Portionen | Salz | Pfeffer | **FÜLLUNG** 400 g Zucchini | Olivenöl | Thymianblüten

Den Backofen auf 180 °C vorheizen.

Eine Backform (26 cm Durchmesser) mit der Butter einfetten und mit den Semmelbröseln ausstreuen.

Die Zucchini waschen, trocknen und klein würfeln. Etwas Olivenöl in einer Pfanne erhitzen und die Zucchiniwürfel darin anbraten, bis sie gar und knackig sind. Dann die Thymianblüten zugeben.

Die Zucchiniwürfel in der vorbereiteten Form verteilen.

Eier und Eigelb in einer Schüssel mit Milch und Sahne verquirlen. Speisestärke und Frischkäse mit einem Handrührer sorgfältig einarbeiten. Salzen und pfeffern. Die Eiermasse vorsichtig über die Zucchiniwürfel in der Form gießen.

Im vorgeheizten Ofen 35 Minuten backen.

TIPP VOM PROFI

Sie können den neutralen Frischkäse durch eine aromatisierte Variante (z.B. mit Kräutern) oder durch Ziegenfrischkäse ersetzen.

AUFLAUF MIT KREBSFLEISCH

und Curry

FÜR 4 PERSONEN | **VORBEREITUNG 15 MIN** | **BACKZEIT 35 MIN**

TEIG 20 g Butter, zum Einfetten | 50 g Semmelbrösel, zum Ausstreuen | 2 Eier + 2 Eigelb | 250 ml Vollmilch | 250 g Sahne | 20 g Speisestärke | ¼ TL Currypulver | Salz | Pfeffer | **FÜLLUNG** 300 g Krebsfleisch (Dose)

Den Backofen auf 180 °C vorheizen.

Eine Backform (26 cm Durchmesser) mit der Butter einfetten und mit den Semmelbröseln ausstreuen.

Das Krebsfleisch abtropfen lassen, verlesen und grob zerteilen.

Eier und Eigelb in einer Schüssel sorgfältig mit Milch und Sahne verquirlen. Speisestärke und Currypulver klümpchenfrei unterrühren. Salzen und pfeffern.

Das Krebsfleisch in der vorbereiteten Form verteilen. Die Eiermasse vorsichtig darübergießen.

Im vorgeheizten Ofen 35 Minuten backen.

TIPP VOM PROFI

Sie können für dieses Rezept auch tiefgefrorenes Krebsfleisch verwenden. Lassen Sie es vorher auftauen und gut abtropfen.

CLAFOUTIS DE LUXE

mit Entenbrust

FÜR 4 PERSONEN | **VORBEREITUNG 20 MIN** | **BACKZEIT 35 MIN**

TEIG 20 g Butter, zum Einfetten | 50 g Semmelbrösel, zum Ausstreuen | 2 Eier + 3 Eigelb | 200 ml Vollmilch | 200 g Sahne | 20 g Speisestärke | **FÜLLUNG** 200 g Entenstopfleber (Dose) | 200 g frischer Spinat | 50 g Butter | Cognac | 200 g geräucherte Entenbrust, in Scheiben | Salz | Pfeffer

Den Backofen auf 180 °C vorheizen.

Eine Backform (26 cm Durchmesser) mit der Butter einfetten und mit den Semmelbröseln ausstreuen.

Die Stopfleber würfeln.

Den Spinat putzen, waschen und trocknen. Die Butter in einem Topf zerlassen und leicht bräunen. Den Spinat darin 3–4 Minuten zusammenfallen lassen. Salzen und pfeffern. Den Spinat abtropfen lassen und beiseitestellen.

Eier und Eigelb in der Küchenmaschine mit Milch und Sahne verrühren. Speisestärke, Stopfleber und 1 Spritzer Cognac sorgfältig einarbeiten. Salzen und pfeffern.

Spinat und Entenbrustscheiben in der vorbereiteten Form verteilen. Die Eiermasse vorsichtig darübergießen.

Im vorgeheizten Ofen 35 Minuten backen.

TIPP VOM PROFI

Sie können den Cognac auch durch Sherry ersetzen.

STAUB
STAUB

GRÜNER AUFLAUF
mit Sommergemüse

FÜR 4 PERSONEN | **VORBEREITUNG 30 MIN** | **BACKZEIT 35 MIN**

TEIG 20 g Butter, zum Einfetten | 50 g Semmelbrösel, zum Ausstreuen | 2 Eier + 2 Eigelb | 250 ml Vollmilch | 250 g Sahne | 10 g Speisestärke | Salz | Pfeffer | **FÜLLUNG** 80 g grüne Bohnen, geputzt | 80 g Brokkoli | 80 g Erbsen | 80 g Zuckererbsen, geputzt | 80 g Spinat, geputzt | Olivenöl | frisch geriebene Muskatnuss

Die grünen Bohnen halbieren. Den Brokkoli in sehr kleine Röschen teilen.

Bis auf den Spinat alle Gemüsesorten nacheinander in kochendem Salzwasser blanchieren und abtropfen lassen. Den Spinat in einer Pfanne in etwas Olivenöl 2 Minuten zusammenfallen lassen. Mit Muskatnuss würzen.

Den Backofen auf 180 °C vorheizen.

Eine Backform (26 cm Durchmesser) mit der Butter einfetten und mit den Semmelbröseln ausstreuen.

Das Gemüse in der vorbereiteten Form verteilen.

Eier und Eigelb in einer Schüssel sorgfältig mit Milch und Sahne verquirlen. Die Speisestärke klümpchenfrei unterrühren. Salzen und pfeffern. Die Eiermasse vorsichtig über das Gemüse in der Form gießen.

Im vorgeheizten Ofen 35 Minuten backen.

TIPP VOM PROFI

Dieser Auflauf lässt sich mit jedem, vorzugsweise saisonal frischem Gemüse zubereiten.

STAUB

BEERENAUFLAUF
mit Vanille

FÜR 4 PERSONEN | **VORBEREITUNG 15 MIN** | **BACKZEIT 35 MIN**

TEIG 20 g Butter, zum Einfetten | 50 g Zucker, zum Ausstreuen | 2 Eier + 2 Eigelb 100 ml Vollmilch | 200 g Sahne | 30 g Speisestärke | 150 g Rohrohrzucker | 1 Päckchen Vanillezucker | Vanillearoma | **FÜLLUNG** 200 g Brombeeren | 100 g Blaubeeren | 100 g schwarze Johannisbeeren

Den Backofen auf 180 °C vorheizen.

Eine Backform (26 cm Durchmesser) mit der Butter einfetten und mit dem Zucker ausstreuen.

Eier und Eigelb in einer Schüssel mit Milch und Sahne verquirlen. Speisestärke, Rohrohrzucker, Vanillezucker und einige Tropfen Vanillearoma sorgfältig unterrühren.

Die Beeren waschen, verlesen und in der vorbereiteten Form verteilen. Die Eiermasse vorsichtig darübergießen.

Im vorgeheizten Ofen 35 Minuten backen.

TIPP VOM PROFI

Für eine zusätzliche knusprige Textur können Sie den Auflauf vor dem Servieren mit zerkrümelten Butterplätzchen bestreuen.

MANGOAUFLAUF
mit Maracuja

FÜR 4 PERSONEN | **VORBEREITUNG 15 MIN** | **BACKZEIT 35 MIN**

TEIG 20 g Butter, zum Einfetten | 50 g Kokosraspel, zum Ausstreuen | 2 Eier + 2 Eigelb | 100 ml Vollmilch | 200 g Sahne | 30 g Speisestärke | 50 g Rohrohrzucker | 1 Päckchen Vanillezucker | Vanillearoma | **FÜLLUNG** 2 sehr reife Mangos | 4 Maracujas (Passionsfrüchte)

Den Backofen auf 180 °C vorheizen.

Eine Backform (26 cm Durchmesser) mit der Butter einfetten und mit den Kokosraspeln ausstreuen.

Die Mangos schälen und das Fruchtfleisch vom Stein lösen. Die Hälften in feine Spalten schneiden. Die Maracujas halbieren. Das Fruchtmark herauslösen und in eine Schale geben.

Eier und Eigelb in einer Schüssel mit Milch und Sahne verquirlen. Speisestärke, Rohrohrzucker, Vanillezucker und einige Tropfen Vanillearoma sorgfältig unterrühren. Das Maracujamark unterziehen.

Die Mangospalten in der vorbereiteten Form verteilen. Die Eiermasse vorsichtig darübergießen.

Im vorgeheizten Ofen 35 Minuten backen.

TIPP VOM PROFI

Wenn Sie keine Maracujas finden, nehmen Sie Maracuja- bzw. Passionsfruchtmark aus dem Glas (Reformhaus oder Bio-Markt). Verwenden Sie dann nur 50 ml Milch.

PFIRSICHAUFLAUF
mit Himbeeren

FÜR 4 PERSONEN | **VORBEREITUNG 15 MIN** | **BACKZEIT 35 MIN**

TEIG 20 g Butter, zum Einfetten | 50 g gemahlene Mandeln, zum Ausstreuen | 2 Eier + 2 Eigelb | 100 ml Vollmilch | 200 g Sahne | 30 g Speisestärke | 50 g Rohrohrzucker | 1 Päckchen Vanillezucker | Vanillearoma | **FÜLLUNG** 6 Pfirsiche | 125 g Himbeeren | 50 g Pinienkerne

Den Backofen auf 180 °C vorheizen.

Eine Backform (26 cm Durchmesser) mit der Butter einfetten und mit den gemahlenen Mandeln ausstreuen.

Die Pfirsiche waschen und halbieren. Den Stein herauslösen und die Pfirsichhälften jeweils in vier Spalten schneiden.

Eier und Eigelb in einer Schüssel mit Milch und Sahne verquirlen. Speisestärke, Rohrohrzucker, Vanillezucker und einige Tropfen Vanillearoma sorgfältig unterrühren.

Pfirsichspalten, Himbeeren und Pinienkerne in der vorbereiteten Form verteilen. Die Eiermasse vorsichtig darübergießen.

Im vorgeheizten Ofen 35 Minuten backen.

TIPP VOM PROFI

Sie können zu den Pfirsichen und Himbeeren auch noch fein gehackte Minzeblätter in die Form geben.

BIRNENAUFLAUF

mit Mandeln

FÜR 4 PERSONEN | **VORBEREITUNG 15 MIN** | **BACKZEIT 35 MIN**

TEIG 20 g Butter, zum Einfetten | 50 g gemahlene Mandeln, zum Ausstreuen | 2 Eier + 2 Eigelb | 100 ml Vollmilch | 200 g Sahne | 20 g Speisestärke | 50 g Rohrohrzucker | 1 Päckchen Vanillezucker | Vanillearoma | **FÜLLUNG** 8 Birnenhälften (Dose) | 100 g gemahlene Mandeln | 50 g Mandelblättchen

Den Backofen auf 180 °C vorheizen.

Eine Backform (26 cm Durchmesser) mit der Butter einfetten und mit den gemahlenen Mandeln ausstreuen.

Die Birnen abtropfen lassen, in Spalten schneiden und in den gemahlenen Mandeln wenden.

Eier und Eigelb in einer Schüssel mit Milch und Sahne verquirlen. Speisestärke, Rohrohrzucker, Vanillezucker und einige Tropfen Vanillearoma sorgfältig unterrühren.

Die Birnenspalten in der vorbereiteten Form verteilen. Die Eiermasse vorsichtig darübergießen. Mit den Mandelblättchen bestreuen.

Im vorgeheizten Ofen 35 Minuten backen.

TIPP VOM PROFI

Sie können dieses Rezept auch mit frischen Birnen zubereiten. Diese sollten vorher in einem leichten Vanillesirup eingelegt werden. Der Auflauf schmeckt umso besser.

APFELAUFLAUF
mit Zimt

FÜR 4 PERSONEN | **VORBEREITUNG 15 MIN** | **BACKZEIT 35 MIN**

TEIG 20 g Butter, zum Einfetten | 50 g Zucker, zum Ausstreuen | 2 Eier + 2 Eigelb | 100 ml Vollmilch | 200 g Sahne | 20 g Speisestärke | 50 g Rohrohrzucker | 1 Päckchen Vanillezucker | Vanillearoma | **FÜLLUNG** 500 g Äpfel | 50 g Butter | 100 g Zucker | 1 TL Zimtpulver

Den Backofen auf 180 °C vorheizen.

Eine Backform (26 cm Durchmesser) mit der Butter einfetten und mit dem Zucker ausstreuen.

Die Äpfel schälen und entkernen. Jeden Apfel in etwa 10 Spalten schneiden.

Die Butter in einer Pfanne zerlassen. Den Zucker einstreuen. Die Apfelspalten darin etwa 3 Minuten bei starker Hitze anbraten. Mit dem Zimtpulver bestäuben.

Die Apfelspalten in der vorbereiteten Form verteilen.

Eier und Eigelb in einer Schüssel mit Milch und Sahne verquirlen. Speisestärke, Rohrohrzucker, Vanillezucker und einige Tropfen Vanillearoma sorgfältig unterrühren. Die Eiermasse vorsichtig über die Äpfel in der Form gießen.

Im vorgeheizten Ofen 35 Minuten backen.

TIPP VOM PROFI

Zu diesem Auflauf passt eine Karamellsauce wirklich ausgezeichnet. Wenn Sie sie selbst zubereiten wollen: 200 g feinen Zucker mit 100 ml Wasser zu einem hellbraunen Sirup einkochen. Etwas Sahne unterrühren und ein Stückchen gesalzene Butter einarbeiten.

STAUB
STAUB
STAUB
STAUB
STAUB
STAUB

RHABARBERAUFLAUF
mit Himbeeren

FÜR 4 PERSONEN | **VORBEREITUNG 15 MIN** | **BACKZEIT 35 MIN** | **RUHEN 3 STD**

TEIG 20 g Butter, zum Einfetten | 50 g Zucker, zum Ausstreuen | 2 Eier + 2 Eigelb | 100 ml Vollmilch | 200 g Sahne | 30 g Speisestärke | 50 g Rohrohrzucker | 1 Päckchen Vanillezucker | Vanillearoma | **FÜLLUNG** 500 g Rhabarber | 100 g Zucker | 100 g Himbeeren

Den Rhabarber putzen, schälen und in Stücke schneiden. In einer Schüssel mit dem Zucker vermengen und 3 Stunden ziehen lassen.

Den Backofen auf 180 °C vorheizen.

Eine Backform (26 cm Durchmesser) mit der Butter einfetten und mit dem Zucker ausstreuen.

Den Rhabarber gut abtropfen lassen und zusammen mit den Himbeeren in der vorbereiteten Form verteilen.

Eier und Eigelb in einer Schüssel mit Milch und Sahne verquirlen. Speisestärke, Rohrohrzucker, Vanillezucker und einige Tropfen Vanillearoma sorgfältig unterrühren. Die Eiermasse vorsichtig über das Obst in der Form gießen.

Im vorgeheizten Ofen 35 Minuten backen.

TIPP VOM PROFI

Sie können einen Beutel Früchtetee in der Milch ziehen lassen. Das sorgt für eine besondere Fruchtnote und unterstreicht das Rhabarber- und Himbeeraroma.

MOKKAAUFLAUF

mit Spekulatius

FÜR 4 PERSONEN | **VORBEREITUNG 15 MIN** | **BACKZEIT 35 MIN**

TEIG 20 g Butter, zum Einfetten | 50 g grober Zucker, zum Ausstreuen | 2 Eier + 2 Eigelb | 200 g Sahne | 30 g Speisestärke | 100 g Rohrohrzucker | 1 Päckchen Vanillezucker | Vanillearoma | **FÜLLUNG** 200 ml Vollmilch | 100 g Kaffeepulver | 1 EL Instantkaffee (Granulat) | **GARNIERUNG** 80 g Spekulatius

Den Backofen auf 180 °C vorheizen.

Eine Backform (26 cm Durchmesser) mit der Butter einfetten und mit dem groben Zucker ausstreuen.

Den Spekulatius grob zerkrümeln.

Die Milch in einem Topf zum Kochen bringen. Kaffeepulver und Instantkaffee unterrühren. Ziehen lassen, bis die Milch erkaltet ist.

Die Milch durch einen Kaffeefilter gießen.

Eier und Eigelb in einer Schüssel mit Kaffeemilch und Sahne verquirlen. Speisestärke, Rohrohrzucker, Vanillezucker und einige Tropfen Vanillearoma sorgfältig unterrühren.

Die Eiermasse in die vorbereitete Form gießen.

Im vorgeheizten Ofen 35 Minuten backen. Vor dem Servieren mit den Spekulatiuskrümeln bestreuen.

TIPP VOM PROFI

Sie können den Auflauf zusätzlich mit einer Prise gemahlenem Süßholz verfeinern, dessen Aroma außerordentlich gut mit dem des Kaffees harmoniert.

BANANENAUFLAUF
mit Karamell

FÜR 4 PERSONEN | **VORBEREITUNG 20 MIN** | **BACKZEIT 35 MIN**

TEIG 20 g Butter, zum Einfetten | 50 g Rohrohrzucker + 50 g, zum Ausstreuen | 2 Eier + 2 Eigelb | 100 ml Vollmilch | 200 g Sahne | 30 g Speisestärke | 1 Päckchen Vanillezucker | Vanillearoma | **FÜLLUNG** 4 Bananen | 50 g Butter | 50 g Zucker | 50 g Rosinen | Rum

Den Backofen auf 180 °C vorheizen.

Eine Backform (26 cm Durchmesser) mit der Butter einfetten und mit dem Rohrohrzucker ausstreuen.

Die Bananen schälen und in 2 cm dicke Scheiben schneiden.

Die Butter mit dem Zucker in einer Pfanne bei starker Hitze zerlassen und zu einem hellen Karamell einkochen. Die Bananenscheiben darin rasch schwenken, sodass sie fest bleiben, aber mit dem Karamell überzogen sind. Rosinen und 1 Schuss Rum zugeben.

Karamellbananen und Rosinen in der vorbereiteten Form verteilen.

Eier und Eigelb in einer Schüssel mit Milch und Sahne verquirlen. Speisestärke, Rohrohrzucker, Vanillezucker und einige Tropfen Vanillearoma sorgfältig unterrühren. Die Eiermasse vorsichtig über die Bananen gießen.

Im vorgeheizten Ofen 35 Minuten backen.

TIPP VOM PROFI

Sie können die Bananen auch längs halbieren und nur von einer Seite karamellisieren, damit sie nicht zu stark garen und weich werden. Geben Sie die Bananen dann mit der karamellisierten Seite nach oben in die Form.

GRÜNTEEAUFLAUF
mit Pflaumen

FÜR 4 PERSONEN | **VORBEREITUNG 15 MIN** | **BACKZEIT 35 MIN**

TEIG 20 g Butter, zum Einfetten | 50 g Zucker, zum Ausstreuen | 100 ml Vollmilch | 2 Beutel grüner Sencha-Tee | 2 Eier + 2 Eigelb | 200 g Sahne | 20 g Speisestärke | 100 g Rohrohrzucker | 1 Päckchen Vanillezucker | Vanillearoma | **FÜLLUNG** 300 g entsteinte weiche Backpflaumen

Den Backofen auf 180 °C vorheizen.

Eine Backform (26 cm Durchmesser) mit der Butter einfetten und mit dem Zucker ausstreuen.

Die Milch in einem Topf erhitzen, aber nicht kochen. Die Teebeutel hineingeben und ziehen lassen, bis die Milch erkaltet ist.

Die Teebeutel entfernen.

Eier und Eigelb in einer Schüssel mit Milch und Sahne verquirlen. Speisestärke, Rohrohrzucker, Vanillezucker und einige Tropfen Vanillearoma sorgfältig unterrühren.

Die Backpflaumen in der vorbereiteten Form verteilen. Die Eiermasse vorsichtig darübergießen.

Im vorgeheizten Ofen 35 Minuten backen.

TIPP VOM PROFI

Wenn die Backpflaumen hart sind, sollten Sie sie vorher in grünem Tee einweichen und dann sorgfältig abtropfen lassen.

SCHOKOLADENAUFLAUF

mit Mandelkrokant

FÜR 4 PERSONEN | **VORBEREITUNG 20 MIN** | **BACKZEIT 25 MIN**

TEIG 20 g Butter, zum Einfetten | 50 g gemahlene Mandeln, zum Ausstreuen | 250 ml Vollmilch | 250 g Sahne | 40 g Kakaopulver | 2 Eier + 2 Eigelb | 20 g Speisestärke | 80 g Zucker | **GARNIERUNG** 100 g gebrannte Mandeln

Den Backofen auf 180 °C vorheizen.

Eine Backform (26 cm Durchmesser) mit der Butter einfetten und mit den gemahlenen Mandeln ausstreuen.

Die gebrannten Mandeln grob hacken.

Milch und Sahne in einem Topf erhitzen, aber nicht kochen. Das Kakaopulver klümpchenfrei unterrühren.

Eier, Eigelb, Speisestärke und Zucker in einer Schüssel sorgfältig verrühren. Die Schokoladenmilch einarbeiten, bis eine glatte Masse entstanden ist.

Die Eiermasse in die vorbereitete Form gießen und im vorgeheizten Ofen 35 Minuten backen.

Vor dem Servieren den Auflauf mit den gehackten Mandeln bestreuen.

TIPP VOM PROFI

Für eine Art „Birne Helene" geben Sie zusätzlich ein paar Birnenspalten in den Auflauf.

APRIKOSENAUFLAUF
mit Zitronenverbene

FÜR 4 PERSONEN | **VORBEREITUNG 20 MIN** | **BACKZEIT 35 MIN**

TEIG 20 g Butter, zum Einfetten | 50 g gemahlene Mandeln, zum Ausstreuen | 100 ml Vollmilch | 3 Zweige frische Verbene | 2 Eier + 2 Eigelb | 200 g Sahne | 30 g Speisestärke | 50 g Rohrohrzucker | 1 Päckchen Vanillezucker | Vanillearoma | **FÜLLUNG** 500 g Aprikosen | 50 g Butter | 50 g Zucker

Den Backofen auf 180 °C vorheizen.

Eine Backform (26 cm Durchmesser) mit der Butter einfetten und mit den gemahlenen Mandeln ausstreuen.

Die Aprikosen halbieren und entsteinen.

Butter und Zucker in eine Pfanne geben und bei starker Hitze zerlassen. Zu einem hellen Karamell einkochen. Die Aprikosen mit der Schnittseite nach unten hineinsetzen und 3 Minuten garen.

Die Aprikosen mit der Schnittseite nach oben in die Form setzen.

Die Milch in einem Topf erhitzen, aber nicht kochen. Die Verbene hineingeben und bei aufgesetztem Deckel ziehen lassen, bis die Milch erkaltet ist.

Die Milch durch ein feines Küchensieb in eine Schüssel gießen.

Eier, Eigelb und Sahne zugeben und verquirlen. Speisestärke, Rohrohrzucker, Vanillezucker und einige Tropfen Vanillearoma sorgfältig unterrühren. Die Eiermasse vorsichtig über die Aprikosen in der Form gießen.

Im vorgeheizten Ofen 35 Minuten backen.

TIPP VOM PROFI

Für eine geschmackliche Variante können Sie die Aprikosen in 3 Esslöffeln Honig garen.

ANANASAUFLAUF
mit Kokos

FÜR 4 PERSONEN | **VORBEREITUNG 20 MIN** | **BACKZEIT 35 MIN**

TEIG 20 g Butter, zum Einfetten | 50 g Kokosraspel, zum Ausstreuen | 2 Eier + 2 Eigelb | 100 ml Vollmilch | 200 g Sahne | 20 g Speisestärke | 50 g Rohrohrzucker | 1 Päckchen Vanillezucker | Vanillearoma | **FÜLLUNG** 1 große Ananas | 100 g Kokosraspel

Den Backofen auf 180 °C vorheizen.

Eine Backform (26 cm Durchmesser) mit der Butter einfetten und mit den Kokosraspeln ausstreuen.

Die Ananas schälen, längs vierteln und den Strunk herausschneiden. Das Fruchtfleisch in 1–2 cm dicke Scheiben schneiden. In den Kokosraspeln wenden.

Eier und Eigelb in einer Schüssel mit Milch und Sahne verquirlen. Speisestärke, Rohrohrzucker, Vanillezucker und einige Tropfen Vanillearoma sorgfältig unterrühren.

Die Ananasstücke in der vorbereiteten Form verteilen. Die Eiermasse vorsichtig darübergießen.

Im vorgeheizten Ofen 35 Minuten backen.

TIPP VOM PROFI

Sie können die frische Ananas durch Ananasstücke aus der Dose ersetzen. Lassen Sie sie sorgfältig abtropfen, bevor Sie sie in den Kokosraspeln wenden.

KIRSCHAUFLAUF
mit Pistazien

FÜR 4 PERSONEN | **VORBEREITUNG 20 MIN** | **BACKZEIT 35 MIN**

TEIG 20 g Butter, zum Einfetten | 50 g gemahlene Mandeln, zum Ausstreuen | 2 Eier + 2 Eigelb | 100 ml Vollmilch | 200 g Sahne | 20 g Speisestärke | 50 g Rohrohrzucker | 1 Päckchen Vanillezucker | Vanillearoma | **FÜLLUNG** 400 g Schwarzkirschen | **GARNIERUNG** 100 g Pistazienkerne

Den Backofen auf 180 °C vorheizen.

Eine Backform (26 cm Durchmesser) mit der Butter einfetten und mit den gemahlenen Mandeln ausstreuen.

Die Kirschen waschen und entstielen, aber nicht entsteinen.

Die Pistazien in einem Mörser fein zerstoßen.

Eier und Eigelb in einer Schüssel mit Milch und Sahne verquirlen. Speisestärke, Rohrohrzucker, Vanillezucker und einige Tropfen Vanillearoma sorgfältig unterrühren.

Die Kirschen in der vorbereiteten Form verteilen. Die Eiermasse vorsichtig darübergießen.

Im vorgeheizten Ofen 35 Minuten backen. Den Auflauf mit den Pistazien bestreuen.

TIPP VOM PROFI

Sie können die Pistazien auch unter die Eiermasse rühren, dann erhält der Auflauf eine grünliche Farbe und eine etwas andere Textur.

REGISTER

Ananasauflauf mit Kokos 60

Apfelauflauf mit Zimt 46

Aprikosenauflauf mit Zitronenverbene 58

Auflauf mit Jakobsmuscheln und Porree 4

Auflauf mit Krebsfleisch und Curry 32

Auflauf mit Roquefort und Walnüssen 12

Bananenauflauf mit Karamell 52

Baskischer Auflauf mit Tintenfisch 24

Beerenauflauf mit Vanille 38

Birnenauflauf mit Mandeln 44

Clafoutis de luxe mit Entenbrust 34

Clafoutis lorrain 8

Grüner Auflauf mit Sommergemüse 36

Grünteeauflauf mit Pflaumen 54

Karottenauflauf mit Zitronengras und Garnelen 26

Kirschauflauf mit Pistazien 62

Lachsauflauf mit Limette 14

Mangoauflauf mit Maracuja 40

Mokkaauflauf mit Spekulatius 50

Nudelauflauf mit Schinken 28

Olivenauflauf mit Chorizo 22

Pfirsichauflauf mit Himbeeren 42

Rhabarberauflauf mit Himbeeren 48

Schokoladenauflauf mit Mandelkrokant 56

Spargelauflauf mit Parmesan 18

Steinpilzauflauf mit Petersilie 20

Thunfischauflauf mit Oliven und Piquillos 16

Tomatenauflauf mit Pinienkernen 6

Zucchiniauflauf mit Frischkäse 30

Zwiebelauflauf mit Knusperspeck 10